AF457789

30 avril 1913 P.

(N° 297) COLLECTION DE MONSIEUR Y***

Vente du Mercredi 30 Avril 1913

HOTEL DROUOT — SALLE N° 8

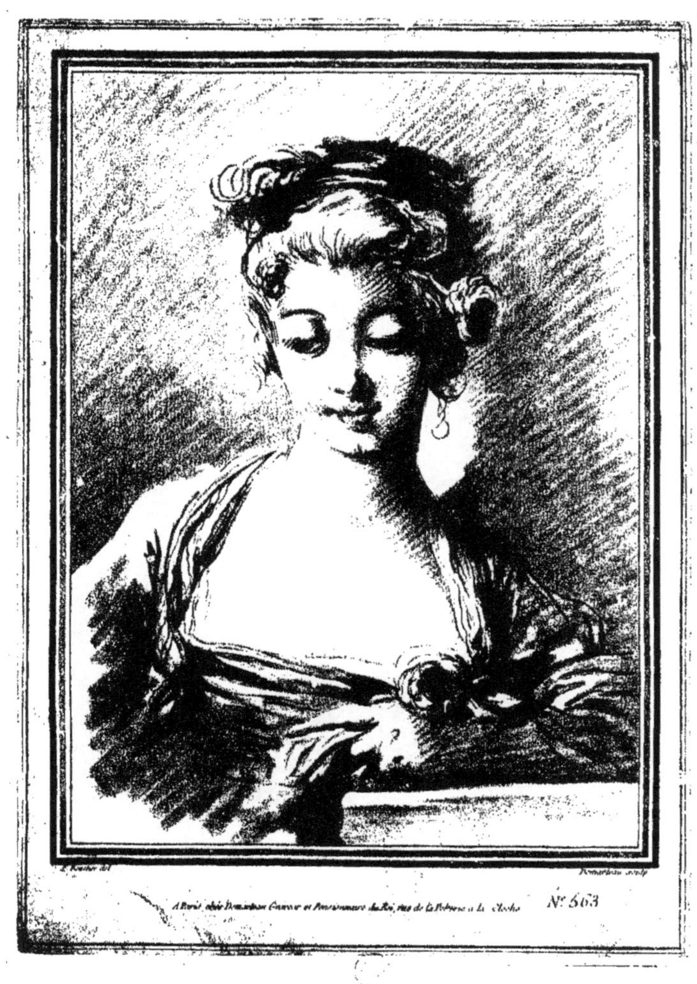

N° 43 du Catalogue

ESTAMPES
DU
XVIIIE SIECLE

Me ANDRÉ COUTURIER M. LOYS DELTEIL

EXPOSITION PUBLIQUE, HOTEL DROUOT, SALLE N° 8

Le Mardi 29 Avril 1913, de 2 heures à 6 heures.

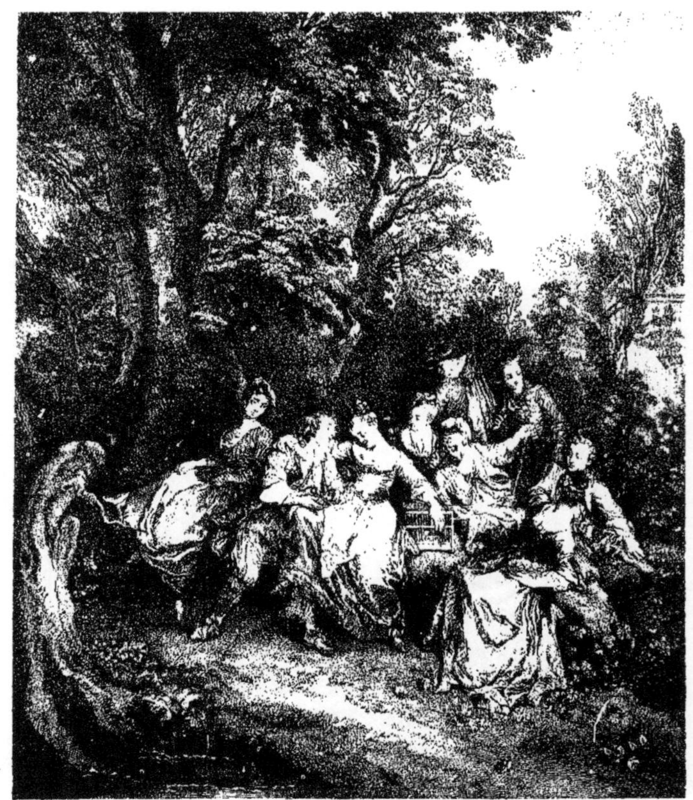

N° 81 du Catalogue.

CATALOGUE

DES

ESTAMPES

DU

XVIIIe SIÈCLE

Dont la vente aura lieu

à Paris, HOTEL DROUOT, Salle N° 8

Le Mercredi 30 Avril 1913

à 3 heures 1/2 précises

Par le Ministère de Me ANDRÉ COUTURIER

COMMISSAIRE-PRISEUR

56, *Rue de la Victoire*, 56

Assisté de M. LOYS DELTEIL, Graveur et Expert

2, *Rue des Beaux-Arts*

CONDITIONS DE LA VENTE

Elle sera faite au comptant.

Les adjudicataires paieront *dix pour cent* en sus des enchères.

M. Loys Delteil remplira les commissions que voudront bien lui confier les amateurs ne pouvant y assister.

MM. les Amateurs pourront visiter la collection, 2, *rue des Beaux-Arts*, du Mardi 22 au Lundi 28 Avril 1913, de 2 heures à 5 heures (*le Dimanche excepté*).

Exposition Publique, Hôtel Drouot, Salle N° 8,
le Mardi 29 Avril 1913, de 2 heures à 6 heures

DÉSIGNATION

AUBERT (à Paris chez)

1. L'Orgueilleuse Aspasie. Très belle épreuve, *imp. en couleurs*. Rare. Encadrée.

BARTOLOZZI (F.)

2. Jupiter and Io, d'apr. le Corrège. Belle épreuve, *tirée en sanguine*.

BAUDOUIN (d'apr. P. A.)

3. Le Couché de la Mariée, par Moreau le jeune et Simonet (E. B. 16). Belle épreuve (jaunie).

4. La même estampe, en même état et condition.

5. Le Fruit de l'Amour secret, par Voyez le jeune (23). Très belle épreuve.

6. Le Modèle honnête, par Moreau le jeune et Simonet (34). Belle épreuve.

7. Perrette, par H. Guttenberg (36). Très belle épreuve.

8. Sa Taille est ravissante, par Le Beau (43). Très belle épreuve.

BENAZECH (d'après)

9. Cécilia, par Colinet. Belle épreuve, *imp. en couleurs*.

BOILLY (L.)

10. Grimaces — Les petits Savoyards, 7 pl., *coloriées.*

BONNET (L. M.)

11. La Laveuse, d'apr. F. Boucher. Belle épreuve, tirée sur papier bleu, *avec* pl. de blanc.

12. Femme à l'oiseau enchaîné, d'apr. F. Boucher. Superbe épreuve, *tirée en sanguine*, toutes marges.

13. Académies de Femmes, 3 pl., d'apr. Lagrenée. Très belles épreuves, *tirées en sanguine.*

BOUCHER (d'après François)

14. L'Agréable leçon, par Gaillard. Belle épreuve.

15. L'Amour porté par les Grâces — Vénus et l'Amour, 2 pl. par Daullé, se faisant pendants. Belles épreuves.

16. Les Amusemens de la Campagne — La Musique Pastorale. Deux pl. par J. Daullé, se faisant pendants. Très belles épreuves.

17. La Baigneuse surprise, par J. Daullé. Belle épreuve.

18. La Belle Bouquetière, variante de la Bouquetière galante — L'Aimable villageoise. Deux pl., se faisant pendants. Superbes épreuves. Rares.

19. Les deux Blanchisseuses — La Lessiveuse. Deux pl., par Demarteau (n°s 70 et 71), se faisant pendants. Très belles épreuves, *tirées en sanguine.*

20. La Coquette — L'Oiseau chéri. Deux pl., par J. Daullé, se faisant pendants. Superbes épreuves.

21. Femme nue assise, par Petit. Superbe épreuve, *tirée en sanguine.*

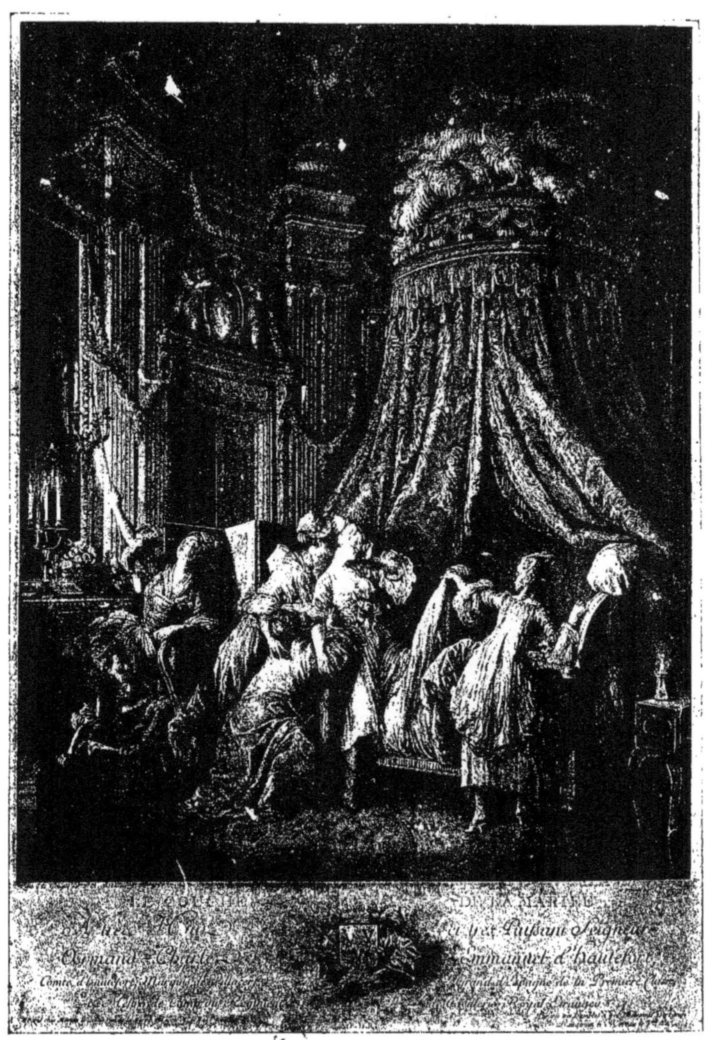

N° 3 du Catalogue.

22. Les Fruits du Ménage, par Le Vasseur. Superbe épreuve, toute marge.

23. Jupiter et Calisto, par Gaillard. Belle épreuve.

24. Le Maraudeur, par Demarteau (n° 129). Superbe épreuve, *tirée en sanguine.*

25. Les Nymphes au bain, par J. Ouvrier. Superbe épreuve, toute marge.

26. Les Plaisirs de l'Été, par Daullé. Très belle épreuve, toute marge.

27. *Que ton sort est charmant... — Quand on a le corps si parfait* — Le Puits. Trois pl., par Aveline, Huquier et Chedel. Belles épreuves.

28. La Toilette de Vénus, par Cl. Duflos. Très belle épreuve.

29. La même estampe.

30. Vénus et l'Amour sur un Dauphin, par Bonnet (n° 14). Très belle épreuve, *tirée en 3 tons.*

31. Etudes de Femmes, par Fessard et Nochez. Trois pièces. Très belles épreuves.

32. La Balançoire — Pescheurs — Le Retour de chasse — Fête de Bacchus, 4 pl. par Huquier, en cahier. Très belles épreuves.

33. La petite Maîtresse d'école, par De Fehrt — L'Heureux Age, par Ravenet fils — Pan et Syrinx, par P. Floding — La Caravane, par Huquier. Quatre pl. Belles épreuves.

34. Pastorales — Scènes chinoises — La Cornemuse. Sept pl., par Huquier. Très belles épreuves.

35. Sujets divers, 8 pl. par Huquier, Floding, Ryland, etc., la plupart en belles épreuves.

36. *Quatrième livre de Groupes d'Enfans*, titre et 4 pl. par Aveline, en cahier. Très belles épreuves.

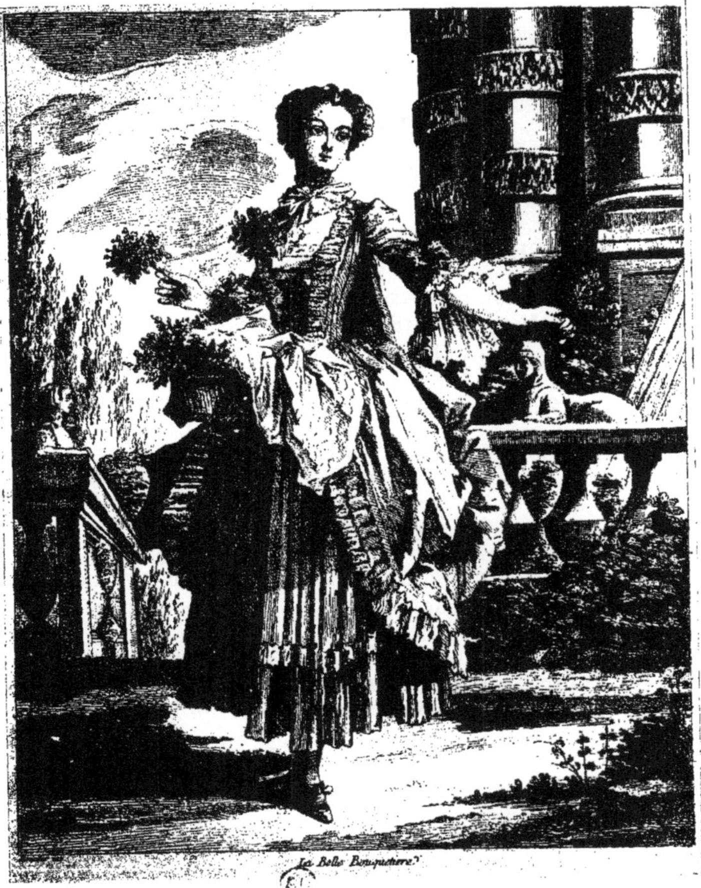

N° 18 du Catalogue.

37. Le petit Berger. DESSIN. École de Boucher.

BOUNIEU (d'après)

38. L'Espoir d'un heureux jour, par Bonnet. Très belle épreuve, *imp. en couleurs.*

CANOT (d'apr. P. C.)

39. Le Gateau des Roys, par Le Bas. Belle épreuve.

CHARDIN (d'après J. B. S.)

40. Le Principe des Arts, par Cécile Magimel. Belle épreuve.

CHEMINS DE FER (Estampe sur les)

41. *Die Ludwigs-Eisenbah zwischen Nürnberg und Fürth*, 7 déc. 1835, par Wiessner, d'apr. Heideloff. Très belle épreuve, *coloriée*.

CHEVALLIER et DE LORME (d'après)

42. Quesnay (F.), par Wille — Chanville, par de Lorraine. Deux pièces.

DEMARTEAU (G.)

43. Jeune Femme en buste, une rose au corsage, d'apr. F. Boucher (n° 563). Superbe épreuve, *imp. en couleurs*. Rare.

44. Femme nue et deux amours, d'apr. F. Boucher (n° 47). Superbe épreuve, *tirée en sanguine*.

45. Feuilles de huit têtes, d'apr. F. Boucher. Superbe épreuve, *tirée en sanguine*, toute marge.

46. Dormeuse (n° 138) — La petite Pélerine et le petit Pêcheur (310). Deux pl. d'apr. F. Boucher. Très belles épreuves, *tirées en sanguine*, toute marge.

47. Groupe de trois Têtes, d'apr. F. Boucher (n° 178). Superbe épreuve, *tirée en sanguine*, toute marge.

48. Têtes, d'apr. Mieris (n° 259) — J. de Cachiopin, d'apr. A. van Dyck (n° 390). Deux pièces.

49. Cour de Ferme, d'apr. F. Boucher. Belle épreuve, *tirée en sanguine*.

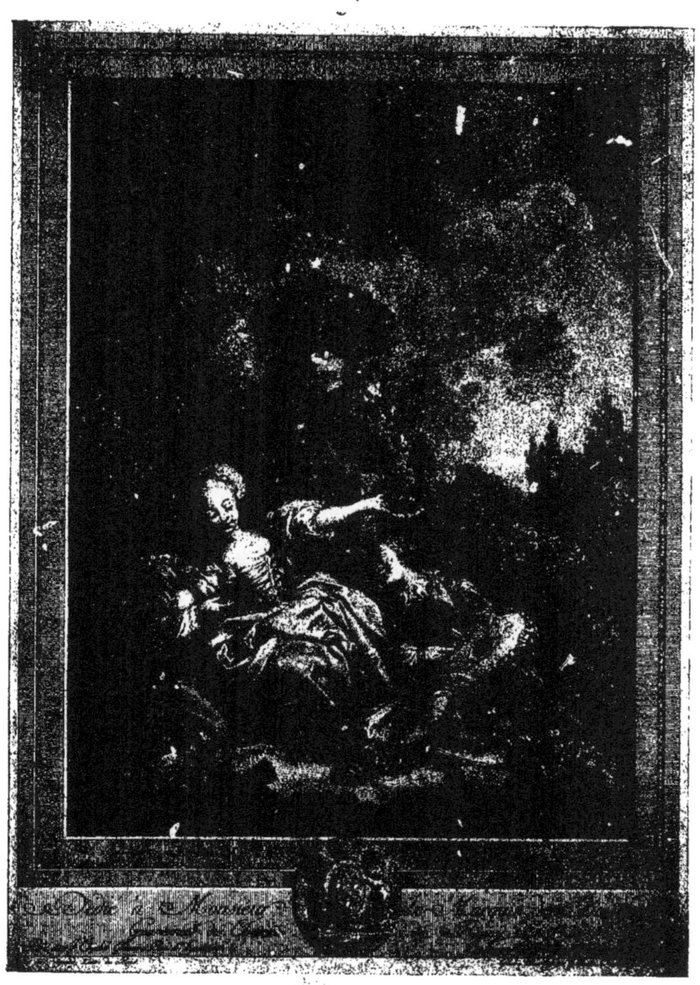

N° 52 du Catalogue.

50. Premier livre d'Animaux... par Dagommer, 4 pl. en cahier.

FALCONET et VASSÉ (d'après)

51. Silène, par J. Ouvrier — L'Amour et l'Amitié, par Basan. Deux pièces. Très belles épreuves.

FRAGONARD (d'après H.)

52. La Coquette fixée, par Couché et Dambrun. Superbe épreuve.

FRAGONARD FILS (d'après)

53. Douce rêverie, par Cazenave.

FRANÇOIS (J. Ch.)

54. Louis Quinze. Belle épreuve, *tirée en bistre*.

FREUDEBERG (d'après S.)

55. Le Lever, par Romanet. Très belle épreuve.

56. Le Bain, par Romanet. Très belle épreuve.

57. L'Occupation, par Lingée. Très belle épreuve.

58. Le Boudoir, par Malœuvre. Très belle épreuve.

59. Les Confidences, par Lingée. Très belle épreuve.

60. La Soirée d'Hyver, par Ingouf le jeune. Très belle épreuve.

61. L'Evènement au Bal, par Duclos et Ingouf. Très belle épreuve.

62. Les Mœurs du Tems, par Ingouf l'aîné. Très belle épreuve.

63. La Toilette — La Visite inattendue, 2 pl. par Voyez l'aîné (manquent un peu de conservation).

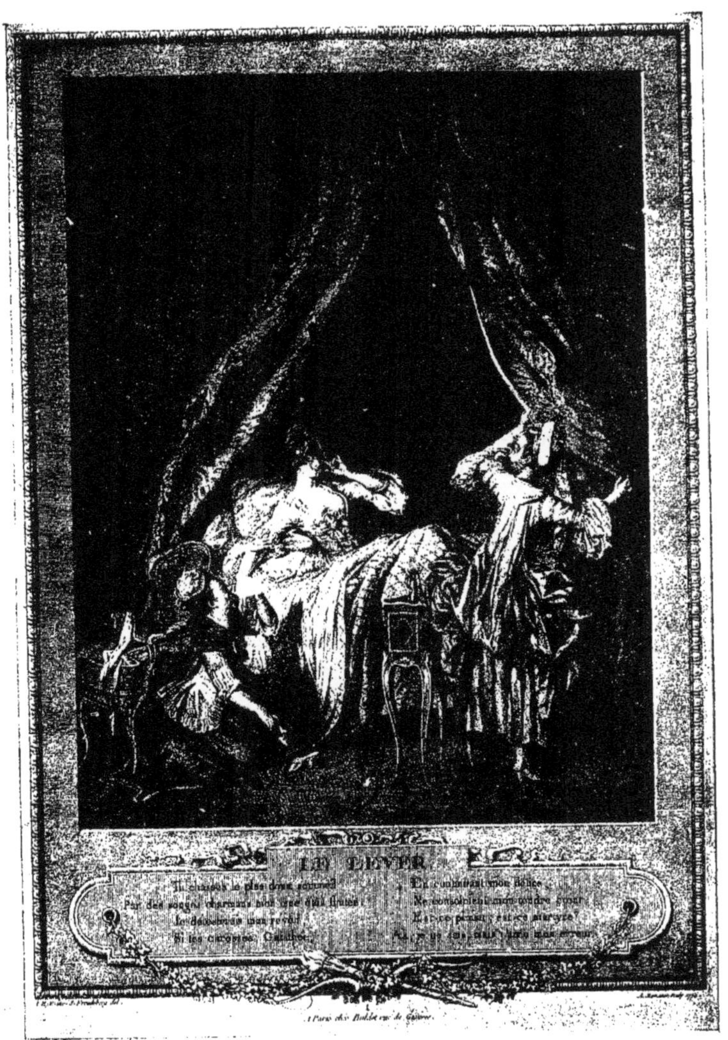

N° 55 du Catalogue.

64. Les Epoux curieux, par N. Ponce. Très belle épreuve.

ECOLES FRANÇAISE ET ANGLAISE

65. Jeune Femme appuyée contre un vase. Très belle épreuve, *avant toute lettre, imp. en couleurs.*

66. Le Seigneur chez son fermier, par Delignon, d'après Moreau le Jeune, épreuve restaurée et doublée — Tableau magique, par Voyez, d'après Touzé — Le petit Polisson, d'après Greuze. Trois pièces.

67. La Tendresse paternelle — La Flore de l'Opéra — Le Chat — La Chanson de Catin, etc., 5 pl., d'apr. St Quentin, Roslin, Cochin fils, etc.

68. Têtes, 5 pl., par Demarteau et Bonnet. Belles épreuves, *tirées en sanguine.*

69. Plaisir Savoyard — Angélique et Médor — Diane au bain — La Dévote — Le Jeune Elève — Didon — Diane et Endymion, 7 pl., d'apr. Jeaurat, Natoire, Villebois, etc. Très belles épreuves.

EISEN (d'après F.)

70. Déguisements Enfantins, par N. Dupuis. Très belle épreuve.

71. Les Dragons de Vénus — L'Amour en Ribote, 2 pl., par L. Halbou, se faisant pendants. Belles épreuves.

72. L'Escamoteuse, par Mme Dupuis. Très belle épreuve.

EISEN (d'après Ch.)

73. Le Jour, par Patas. Superbe épreuve, toute marge.

GARNEREY

74. Vue du Port de La Rochelle — Vue de l'arsenal de Toulon. Deux pl., *coloriées.*

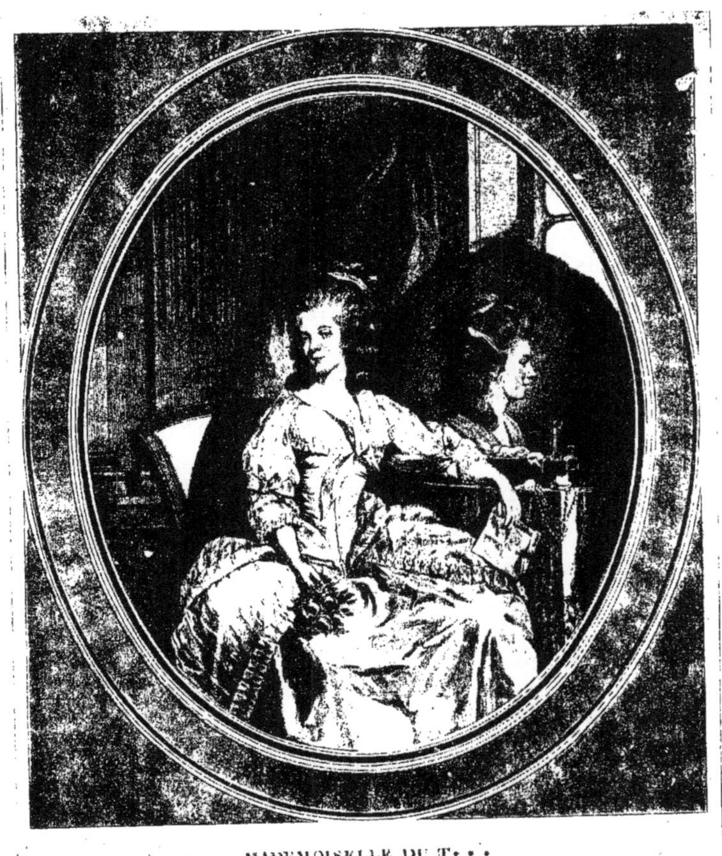

N° 77 du Catalogue.

GREUZE (d'après J. B.)

75. Le Tendre désir, par Carmona. Belle épreuve.

76. Thaïs ou la belle Pénitente — Jeune Fille pleurant son oiseau mort, 2 pl., par Levasseur et Flipart, formant pendants. Bonnes épreuves.

JANINET (J. F.)

77. Mademoiselle du T*** (Duthé), d'après Le Moine. Très belle épreuve, *imp. en couleurs, avec* le cadre.

KAUFFMAN (d'après Angélica)

78. Eloïsa — The flight of Paris & Helen — Hope. Trois pl., par W. Ryland, *tirées en sanguine.*

LAGRENÉE, LEFEBVRE, LE MOINE

79. Tancrède secouru par Herminie, par Beauvarlet — La Nouvelle Heloyse, par Hubert — Hercule et Omphale, par Cars. Trois pièces. Belles épreuves.

LAMBERT (d'après F.)

80. Le Larcin toléré, par Le Vasseur. Très belle épreuve, toute marge.

LANCRET (d'après N.)

81. Le Printems — L'Automne — L'Hiver. Trois pl. (sur 4), par Audran, Tardieu et Le Bas. Très belles épreuves.

LAVREINCE (d'après Nic.)

82. Le Directeur des Toilettes, par Voyez l'aîné (21). Superbe épreuve.

83. Les Offres séduisantes, par Delignon (43). Très belle épreuve, toutes marges.

84. Le Restaurant, par Deni (53). Magnifique épreuve, à toutes marges.

LE BAS (J. Ph.)

85. Pierrot et sa progéniture — Colin-Maillard — Vivandières de Brest, d'apr. Pater. Trois pl. Belles épreuves.

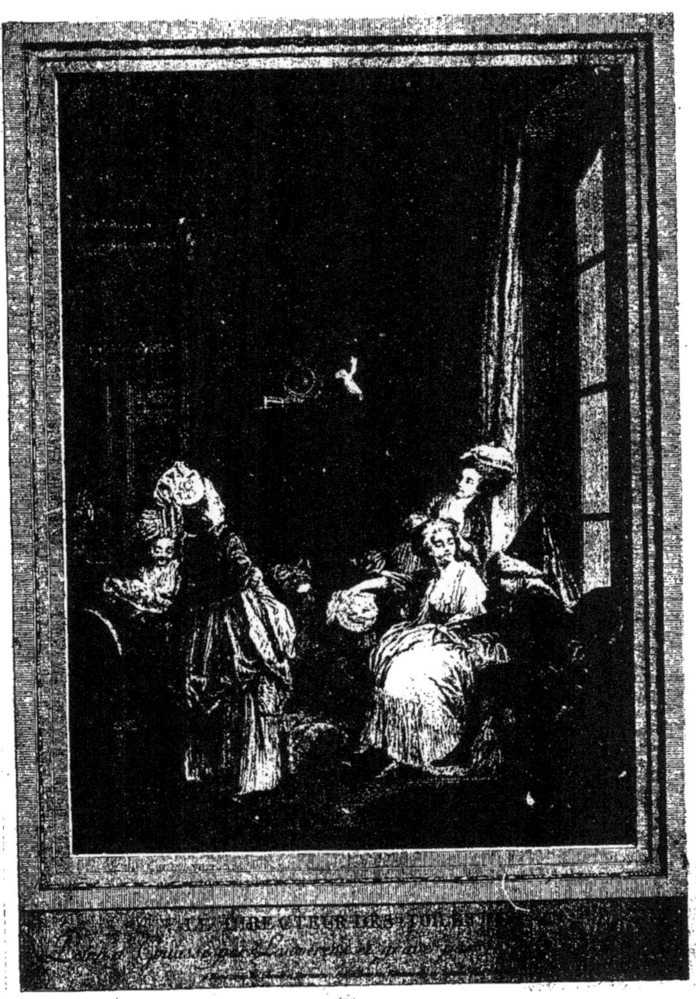

N° 82 du Catalogue.

LE PRINCE (J. B.)

86. La Baraque Russe — Paysage. Deux pièces. Très belles épreuves.

87. Jeune Fille au vase de fleurs, d'après Le Prince (n° 385). Très belle épreuve, *tirée en 2 tons.*

88. Paysanne de Moravie — Femme de chambre russe — Dame Russe, 3 pl., par Bonnet, formant série. Très belles épreuves, *tirées en 3 tons.*

MOREAU LE JEUNE (d'après J. M.)

89. Les petits Parains, par Baquoy et Patas (1353). Très belle épreuve, *avec* les lettres A. P. D. R.

90. Les Délices de la Maternité, par Helman (1354). Très belle épreuve, *avec* les lettres A. P. D. R., toutes marges.

91. L'Accord parfait, par Helman (1355). Belle épreuve, *avec* les lettres A. P. D. R.

92. Le Rendez-vous pour Marly, par C. Guttenberg. (1356). Très belle épreuve, *avec* les lettres A. P. D. R.

93. La Rencontre au bois de Boulogne, par H. Guttenberg (1358). Très belle épreuve, *avec* les lettres A. P. D. R.

94. La petite Loge, par Patas (1368). Très belle épreuve, *avec* les lettres A. P. D. R.

95. La Sortie de l'Opéra, par Martini (1369). Très belle épreuve, *avec* les lettre A. P. D. R. (très légère tache).

MORLAND (d'après H.)

96. Ballad Singer, par J. Watson (184). Belle épreuve.

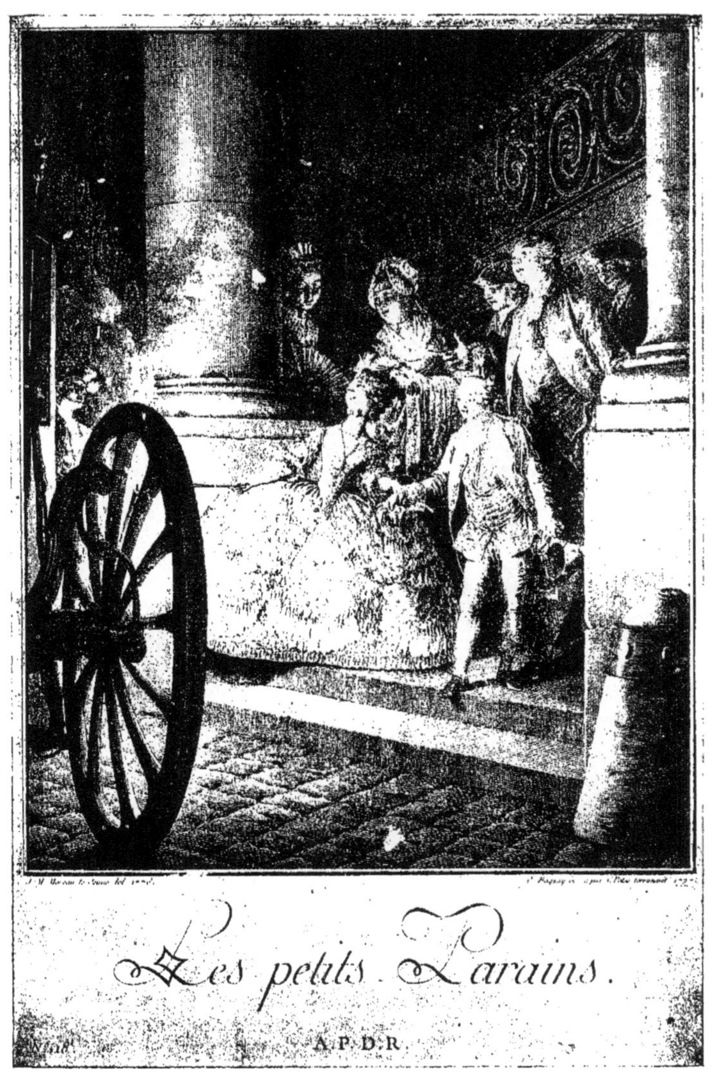

N° 89 du Catalogue.

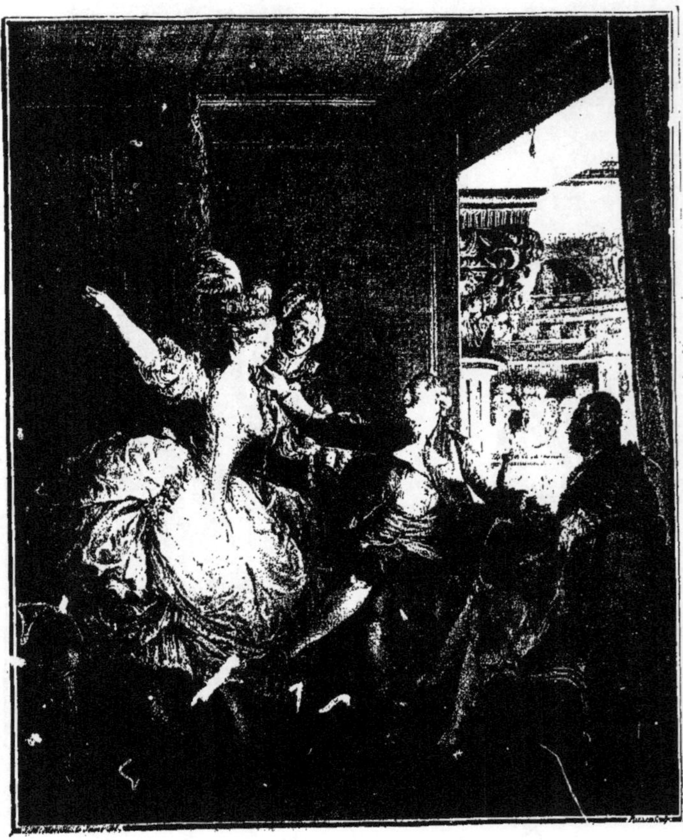

N° 94 du Catalogue.

NATOIRE (d'après Ch.)

97. Les Eléments, par J. B. Perronneau et Aveline. Suite de 4 pl., à toutes marges.

98. Diane et Acteon — Amphitrite — Le Triomphe d'Amphitrite, 3 pl., par Desplaces, Fessard et Moitte. Très belles épreuves.

OUDRY, DESPORTES et TÉNIERS (d'après)

99. Le Sérail du Doguin — Chasse au loup — Moisson — St Georges, 4 pl., par Daullé, Joullain, Le Bas et Levasseur. Belles épreuves.

PATER et BOUCHER (d'après)

100. Le Baiser donné — Le Cocu battu et content — Le Fleuve Scamandre, 3 pl. par Filloeul et Larmessin.

PIÈCES HISTORIQUES

101. *The Tea-Tax Tempest, or the Anglo-American Revolution — Abschied des unglücklichen Konigs Ludwigs XVI. — Portrait du Monstre... d'Amiens.* — Arrivée du Cte d'Estaing au port de Brest. Quatre pièces.

PIERRE et NATOIRE (d'après)

102. Vénus et l'Amour, par Levesque — Titon et l'Aurore, par Lempereur — Les Forges de Vulcain, par Lempereur — La Vestale — Léda. Cinq pièces.

QUEVERDO (d'après F. M.)

103. Le Repos, par Dambrun. Très belle épreuve.

ROSLIN (d'après)

104. P. Gregorievitz Czernichew, par N. Dupuis. Belle épreuve.

SAINT-AUBIN (d'après Gabriel de)

105. La Guinguette, Divertissement pantomime, par F. Basan. Très belle épreuve.

SCHENAU (d'après J. E.)

106. Le Dédomagement de l'Absence, par Vidal. Très belle épreuve.

TIEPOLO (J. B.)

107. *Scherzi di fantasia* (A. d. V. 13-35). Suite de 23 pl., incomplète de 8 pl., soit quinze pièces. Très belles et rares épreuves du 1er état. On y a joint 3 planches diverses.

TOUZÉ (d'après)

108. Les Amusements Dangereux, par Voyez le jeune. Très belle épreuve.

TROOST (d'après Cornélis)

109. Chambre d'accouchée hollandoise, par P. Tangé, 1757. Très belle épreuve.

VANLOO (d'après C.)

110. Les Baigneuses, par Lempereur. Superbe épreuve, toute marge.

111. *Qu'il est malin !...* par Beauvarlet — L'Amour à l'Ecole, par Gaillard. Deux pièces.

VERNET (d'apr. C.)

112. Les Chiens à la découverte, par Levachez. Belle épreuve, *coloriée.*

WACHSMUHT (M.)

113. Monseigneur le Dauphin chassant — Monseigneur le Dauphin labourant. Deux pl. se faisant pendants.

WATTEAU (d'après d'Ant.)

114. Camp volant, par N. Cochin (52). Belle épreuve (pli).

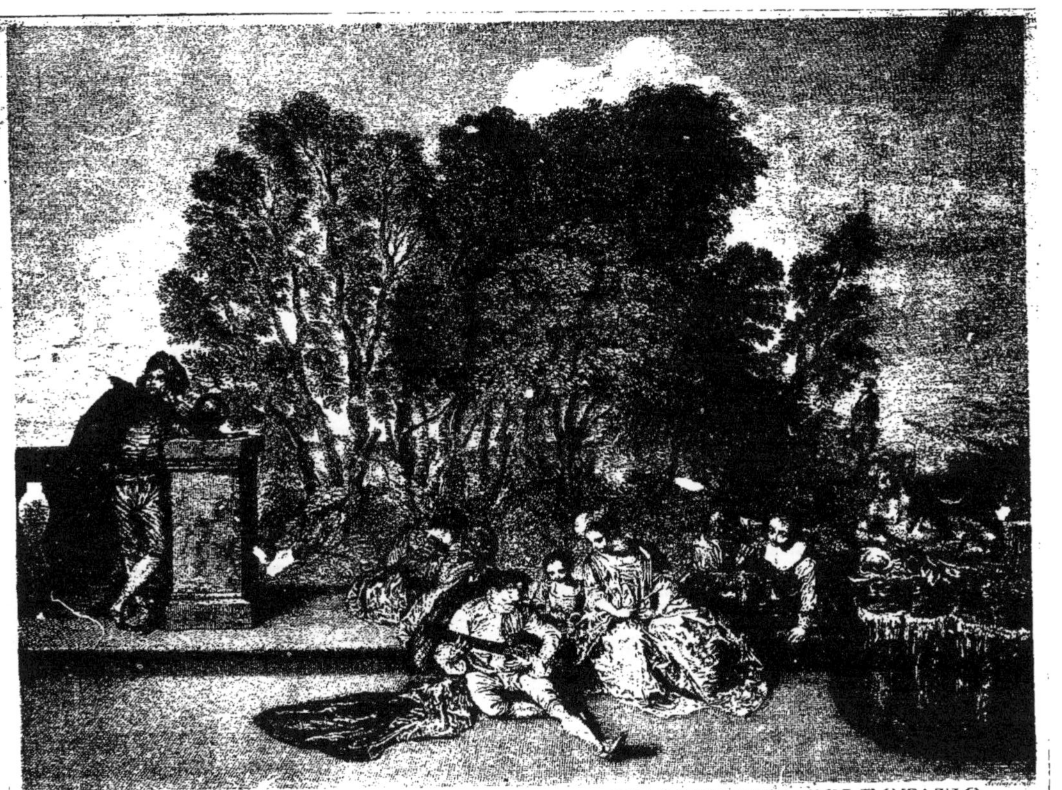

N° 138 du Catalogue.

115. Pomone, par F. Boucher (41). Très belle épreuve.

116. Les Agréments de l'Été, par Joullain (100). Très belle épreuve.

117. Entretiens amoureux, par Liotard (131). Belle épreuve.

118. Récréation Italienne, par Aveline (160). Superbe épreuve.

119. La Danse paysane, par B. Audran — L'Occupation selon l'âge, par Dupuis, 2 pl. (doublées, petites cassures).

WILLE (les)

120. St Florentin (L. Phelypeaux, Cte de), d'apr. L. Tocqué (124) — Tom Jones, par Ingouf. Deux pièces. Belles épreuves.

121. Sous ce numéro, il sera vendu en plusieurs lots, 75 pièces.

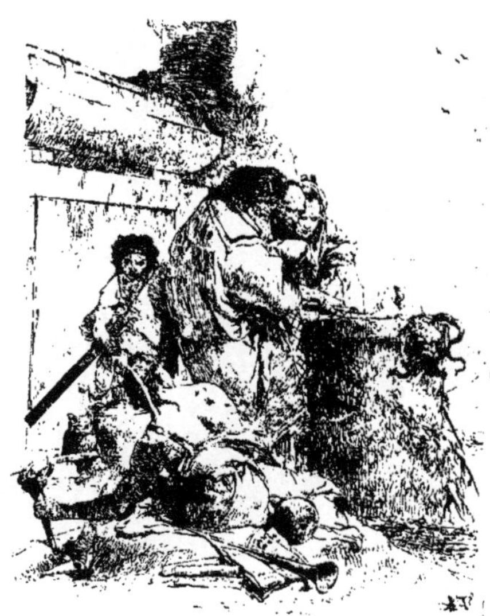

N° 107 du Catalogue.

FRAZIER-SOYE

GRAVEUR-IMPRIMEUR

153-155-157, Rue Montmartre

PARIS

www.ingramcontent.com/pod-product-compliance
Ingram Content Group UK Ltd.
Pitfield, Milton Keynes, MK11 3LW, UK
UKHW020529180726
13839UKWH00005B/2396